यात्रा गाय घाट से निषाद घाट तक

(काशी के घाटों का एक झलक)

डॉ. जगदीश पिल्लई

|| श्री काशी विश्वनाथ को समर्पित ||

क्रम-सूची

क्रम-सूची

प्रार्थना - विश्वनाथष्टकम्

गङ्गातरङ्ग रमणीय जटाकलापं
गौरीनिरन्तरविभूषितवामभागम् ।
नारायणप्रियमनङ्गमदापहारं
वाराणसीपुरपतिं भज विश्वनाथम् ॥ १ ॥

वाचामगोचरमनेकगुणस्वरूपं
प्वारार्गीथनाशविष्णुसुरसेवितपादपीठम् ।
वामेन विग्रहवरेण कलत्रवन्तं
वाराणसीपुरपतिं भज विश्वनाथम् ॥ २ ॥

भूताधिपं भुजगभूषणभूषिताङ्गं
व्याघ्राजिनाम्बरधरं जटिलं त्रिनेत्रम् ।
पाशाङ्कुशाभयवरप्रदशूलपाणिं
वाराणसीपुरपतिं भज विश्वनाथम् ॥ ३ ॥

शीतांशुशोभितकिरीटविराजमानं
भालेक्षणानलविशोषितपञ्चबाणम् ।
नागाधिपारचितभासुरकर्णपूरं
वाराणसीपुरपतिं भज विश्वनाथम् ॥ ४ ॥

पञ्चाननं दुरितमत्तमतङ्गजानां
नागान्तकं दनुजपुङ्गवपन्नगानाम् ।
दावानलं मरणशोकजराटवीनां
वाराणसीपुरपतिं भज विश्वनाथम् ॥ ५ ॥

तेजोमयं सगुणनिर्गुणमद्वितीयं
आनन्दकन्दमपराजितमप्रमेयम् ।

नागात्मकं सकलनिष्कलमात्मरूपं
वाराणसीपुरपतिं भज विश्वनाथम् ॥ ६ ॥

आशां विहाय परिहृत्य परस्य निन्दां
पापे रतिं च सुनिवार्य मनः समाधौ ।
आदाय हृत्कमलमध्यगतं परेशं
वाराणसीपुरपतिं भज विश्वनाथम् ॥ ७ ॥

रागादिदोषरहितं स्वजनानुरागं
वैराग्यशान्तिनिलयं गिरिजासहायम् ।
माधुर्यधैर्यसुभगं गरलाभिरामं
वाराणसीपुरपतिं भज विश्वनाथम् ॥ ८ ॥

वाराणसीपुरपतेः स्तवनं शिवस्य
व्याख्यातमष्टकमिदं पठते मनुष्यः ।
विद्यां श्रियं विपुलसौख्यमनन्तकीर्तिं
सम्प्राप्य देहविलये लभते च मोक्षम् ॥ ९ ॥
|| श्रीव्यासकृतम् विश्वनाथष्टकम पूर्ण ||

लेखक का परिचय

डॉ. जगदीश पिल्लई एक उत्साही पाठक, लेखक और सच्चे शोध विद्वान है जिनका का जन्म भगवान शिव के नगरी वाराणसी में हुआ था। वह वैदिक विज्ञान में पी.एच.डी. किया हुआ है| वह जन्मजात गुणों, रचनात्मक विचारों और कई उल्लेखनीय उपलब्धियों के साथ एक बहुआयामी पॉलीमैथ है। यद्यपि उनकी जड़ें "गॉड्स ओन कंट्री" (केरल) तक फैली हुई हैं| वाराणसी के निवासी उन पर गर्व महसूस करते हैं और उन्हें वाराणसी के एक बच्चे के रूप में मानते हैं जो बिना किसी अपेक्षा के हर व्यक्ति की जरूरत को पूरा करता है। उनकी प्रोफाइल के गहन अध्ययन से पता चलता है कि उन्होंने कामयाबी के कई सारे पंख जोड़े हैं जो उन्हें काफी अनोखा बनाते हैं। वह निम्नलिखित विषयों में चार बार गिनीज बुक ऑफ वर्ल्ड रिकॉर्ड धारक हैं:

(1) "स्क्रिप्ट टू स्क्रीन" जो उन्होंने कनाडा के लोगों द्वारा पहले के सेट रिकॉर्ड को तोड़कर कम से कम समय के भीतर कला एनीमेशन फिल्म का निर्माण और निर्देशन करके हासिल की। उनके नाम पर कई राष्ट्रीय और अंतर्राष्ट्रीय पुरस्कार और सम्मान भी हैं।

(2) पोस्ट कार्ड की सबसे लंबी लाइन जो उन्होंने 16300 पोस्ट कार्ड द्वारा भारतीय डाक दिवस के 163 साल के अवसर पर की है। यह कार्यक्रम भारतीय ध्वज के बारे में एक प्रश्नावली से भी जुड़ा था।

(3) सबसे बड़ा पोस्टर जागरूकता अभियान - यह "बेटी बचाओ - बेटी पढाओ" विषय पर जागरूकता अभियान तैयार करके प्राप्त किया गया था।

(4) सबसे बड़ा लिफाफा - प्रधानमंत्री की पहल 'मेक इन इंडिया' को श्रद्धांजलि के लिए - उन्होंने रद्दी कागजों का उपयोग करके लगभग

4000 वर्ग मीटर का लिफाफा बनाया है।

(5) भारत के सत्तरवें स्वतंत्रता दिवस को मनाने के लिए 210 किलो के केक पर 70000 मोमबत्तियां जलाकर वर्ल्ड रिकॉर्ड्स इंडिया में दर्ज अपना नाम दर्ज किया।

(6) सारनाथ के धमेक स्तूप पर 17 भाषाओं में डबिंग करके एक वृत चित्र बनाया है जिसका परिणाम गिनीज वर्ल्ड रिकॉर्ड्स से प्रतीक्षारत है।
वे गीता शिक्षण में बहुमुखी प्रतिभा के धनी हैं। युवा पीढ़ी उनके गीता शिक्षण से प्रेरित है और उन्होंने अपने निरंतर प्रेरक, प्रोत्साहन और शिक्षाओं के माध्यम से कई युवाओं के जीवन को बदल दिया है।

उन्होंने गायत्री मंत्र को 1000 अलग-अलग धुनों में गाया है।

उन्होंने 108 अलग-अलग धुनों में हनुमान चालीसा को गाया है।

उन्होंने सैकड़ों संस्कृत भजन, देशभक्ति गीत आदि की रचना और गायन किया है।

उन्होंने कई सरकारी जागरूकता अभियानों के लिए कई लघु फिल्मों और वृत्तचित्रों का लेखन और निर्देशन किया है।

उन्होंने वीडियो और फोटोग्राफी के माध्यम से विभिन्न मुद्दों पर जागरूकता अभियान फैलाने के लिए यूपी पुलिस और केरल पुलिस को स्वैच्छिक सेवाएं दी हैं।

वह भारतीय संस्कृति, भारतीय मंदिरों और असाधारण लोगों के जीवन पर हजारों किताबें लिखने की राह पर हैं।

यह विश्वास करना कठिन है कि उन्होंने एक विशेष शहर (वाराणसी) पर

100 से अधिक वृत्तचित्रों का निर्माण और निर्देशन किया है, जो अकेले एक व्यक्ति द्वारा किया गया है।

उन्होंने 25 से अधिक लड़कों और लड़कियों को विभिन्न रचनात्मक और अभिनव तरीकों के माध्यम से विश्व रिकॉर्ड हासिल करने में मदद और मार्गदर्शन किया है।

एक बहुमुखी व्यक्ति जो ईश्वर प्रदत्त आशीर्वाद का उपयोग करके अपनी बुद्धि का सबसे अच्छा उपयोग करता रहता है| इसलिए वह कई चीजों को सीखने, अनुभव करने और प्रयोग करने और भेदभाव और असमानताओं की इस दुनिया में चमत्कार करने की अपार क्षमता प्रदान करता है। .

वह एक ही समय में एक शिक्षक और एक छात्र है जो हमेशा हर दिन सीखता है और हर दिन किसी न किसी को कुछ न कुछ पढ़ाता है। एक मास्टर के तौर पर उनकी कमजोरी यह थी कि वह कभी किसी खास विषय पर नहीं टिकते। शायद यही कमजोरी उसे किसी भी क्षेत्र में महारत हासिल करने की ताकत देती है।

उनका प्रत्येक दिन एक नया विषय सीखने के साथ शुरू होता है और वह अपना अधिकांश समय प्रयोग और शोध करने में व्यतीत करते हैं।

वह एक निस्वार्थ सामाजिक कार्यकर्ता और एक प्रेरक वक्ता भी हैं।

उनका जीवन भी संघर्ष, उतार-चढ़ाव और असफलताओं से भरा रहा है। लेकिन उन्होंने कभी हार नहीं मानी और आत्मविश्वास से भरे अपने सभी परीक्षणों और क्लेशों का सामना किया। आज वह एक सफल युवक है जिसके पास बहुत जोश और समृद्ध जीवन का अनुभव है।

उन्होंने अपनी ही धुन से पूर्ण रामचरित मानस 51 घंटे का ऑडियो

गाया है। उन्होंने पूरी भगवद-गीता को भी अपनी धुन में एक लयबद्ध पृष्ठभूमि के साथ गाया है।

उन्होंने 50 अलग-अलग भाषाओं में "लोका: समस्ता: सुखिनो भवन्तु" भी गाया है।

वर्तमान में वेद, उपनिषद, पुराण, भगवद गीता आदि पर विस्तृत और वैज्ञानिक अध्ययन पर काम कर रहे हैं।

वर्तमान में, वह 'यूरेशिया डिजिटल यूनिवर्सिटी' के मानद चांसलर हैं।

पुरस्कार

चार बार गिनीज वर्ल्ड रिकॉर्ड्स में नाम दर्ज|

महात्मा गांधी विश्व शांति पुरस्कार के विजेता|

महात्मा गांधी वैश्विक शांति राजदूत|

काशी रत्न पुरस्कार|

डॉ॰ ए॰पी॰जे॰ अब्दुल कलाम मोटिवेशनल पर्सन ऑफ द ईयर 2017|

मदर टेरेसा पुरस्कार|

इंदिरा गांधी प्रियदर्शिनी पुरस्कार|

भारत विकास रत्न पुरस्कार|

उद्योग रत्न पुरस्कार|

विज्ञान प्रसार पुरस्कार|

पूर्वांचल रत्न पुरस्कार|

डॉ. जगदीश पिल्लई वैदिक साइंस, भगवद्गीता आदि के टीचर है| उसके आलावा लेखक, गायक, फिल्म मेकर, जेमोलोजिस्ट, आस्ट्रो-वास्तु कंसलटेंट, वर्ल्ड रिकॉर्ड कंसलटेंट, प्राणिक हीलर, स्पिरिचुअल काउंसलर, टैरो कार्ड रीडर आदि विषयों में भी महारत हासिल है|

आप आल इंडिया मलयाली एसोसिएशन उत्तर प्रदेश के चेयरमैन है एवं भारतीय मानवाधिकार एसोसिएशन के 'संस्कृति एवं संस्कार' का राष्ट्रीय सचिव भी है|

आमुख

कई साल पहले जब जीवन का कुछ मुश्किल समय चल रहा था और उस समय को किसी तरह बिताने के लिए काशी के गंगा किनारे की घाटों में घूमने जाते थे| असी घाट से राज घाट यूं ही पैदल चला करता था| कुछ दिन चलने के बाद एक दिन मन में आया कि सीधे गंगा किनारे से चलने से अच्छा है कि हर घाटों के पीछे जो गलीयां है उस गलियों से भी घूमा जाए| वो मेरा सही निर्णय था क्यों की असली में हर एक घाट के पीछे क्या क्या कहानी है, कौन कौन से मंदिर है और ऐसे कई रहस्य चीज़ों की जानकारी मिलने लगी| फिर मैंने एक दिन एक हैंडीकाम लेकर हर घाट एवं घाट के पीछे के इमारतें मंदिर आदि भी देखने एवं शूट करने लगे| हर घाट के स्थानीय लोगों से उस घाट के बारे में पूछने एवं नोट करने लगे| एक अंकल जी ने मुझे सारे घाटों की इतिहास पर एक बहुत पुरानी किताब भी दिया|

कई महीने बाद मन में आया कि हर एक घाट के ऊपर एक एक वृत्तचित्र बनाते हैं और हम उसकी तैयारी में लगे| शायद एक शहर के किसी एक विषय के ऊपर इतनी वृत्तचित्र दुनिया में पहली बार बनता और गिनीज़ वर्ल्ड रिकॉर्ड में आने की सम्भावना है| उसी के लिए लिखे हुए स्क्रिप्ट को ही दुनिया के लिए और आने वाले सहलानियों के लिए किताब के सीरीज़ रूप में प्रकाशित करने की सोचा जो इस पुस्तक के रूप में आज प्रकाशित हुआ है|

वाराणसी शहर के गंगा किनारे लगभग सौ घाट हैं। इनमें से सबसे प्रसिद्ध और सबसे पुराने घाट दशाश्वमेघ, मणिकर्णिका और हरिश्चंद्र घाट हैं। वहाँ के कुछ घाट हिन्दू शासकों जैसे मालवा क्षेत्र की अहिल्या बाई होल्कर, ग्वालियर के पेशवा, आमेर के मान सिंह, जयपुर के जय सिंह आदि द्वारा बनवाए गए हैं। बनारस की कुछ प्रसिद्ध हस्तियों ने घाटों का नाम अपने नाम पर रखा है। मुंशी घाट का नाम हिंदी कवि मुंशी

प्रेमचंद के नाम से है, तुलसी घाट हिंदू कवि तुलसीदास जी के बाद दिया गया है जिन्होंने रामचरितमानस लिखा है।

अधिकांश घाट मराठा काल में बने थे। मराठा, होल्कर, भोंसले, शिंदे (सिंधिया) और पेशवे (पेशवा) वर्तमान वाराणसी के संरक्षक के रूप में रहे हैं। वाराणसी में सुबह की नाव की सवारी पर्यटकों के आकर्षण के रूप में दुनिया भर में प्रसिद्ध है। यदि आप काशी में एक पर्यटक के रूप में आते हैं तो घाटों के पार गंगा पर नाव में सवार होकर एक छोर से दूसरी छोर तक जाना एक महान स्मृति बनकर जीवन भर मैन में रह सकते हैं।

अधिकांश घाट स्नान एवं पूजा आयोजन के लिए प्रसिद्ध है, जबकि दो घाट विशेष रूप से श्मशान स्थलों के रूप में उपयोग किए जाते हैं जैसे हरिश्चंद्र घाट एवं मणिकर्णिका घाट।

अधिकांश वाराणसी घाटों का पुनर्निर्माण 1700 ईस्वी के बाद किया गया था, जब शहर मराठा साम्राज्य का हिस्सा था। वर्तमान घाटों के संरक्षक मराठा, शिंदे (सिंधिया), होल्कर, भोंसले और पेशवे (पेशवा) हैं। कई घाट पौराणिक कथाओं से जुड़े हैं जबकि कई घाट निजी स्वामित्व में हैं। घाटों के पार गंगा पर सुबह की नाव की सवारी एक लोकप्रिय आगंतुक आकर्षण है।

गंगा हमारे बहुत से पवित्र संस्कारों की साक्षिणीय है। गंगा के तट पर स्नान के अतिरिक्त हमारी संस्कृति से जुड़ी हुई बहुत से सामाजिक अनुष्ठान संपन्न कराये जाते है। सभी अनुष्ठानों के केन्द्र में गंगा की पवित्रता और उनके प्रति लोगों का आस्था झलकती है।

गंगा के अभाव में इस अनुष्ठानों के परिकल्पना ही संभव नहीं है। हमारे अनुष्ठानों का शुभारम्भ बाल्यावस्था में मुंडन संस्कारए युवा अवस्था में विवाह मृत्यु पर दाह संस्कार एवं मृत्योपरांत तर्पण तक चलती है। इन सभी अवस्थावों की साक्षी माँ गंगा है। गंगा के तट पर बच्चों का मुंडन

कराना अत्यंत श्रेयस्कर मानते है| बच्चों के आलावा बड़े भी कभी कभी गंगा तट पर मुंडन करवाते नज़र आते हैं|

विवाह के बाद नव दम्पति सर्वप्रथम माँ गंगा का आशीर्वाद लेने अपने परिजनों के साथ आते हैं और गंगा पूजन कर गाठ खोलने की रस्म निभाते हैं | लगन के दौरान बहुत से नव विवाहित जोड़े इस रस्म की अदायकी के लिए घाटों पर दिखाई पड़ते है| उत्तराँचल का महापर्व शूर्य षष्टि जिसको लोग मानस के भाषा में छट कहा जाता है, यहाँ गंगा के किनारे भी बहुत भव्य एवं विशाल पैमाने पर आयोजित किया जाता है| शाम से ही अस्थालाचलागामी भगवान् भास्कर को अर्ध देने केलिए वृति महिलाओं का जन सैलाब उमड़ पड़ता है|

काशी में तर्पण का मतलब तर जाना होता है यानी मोक्ष प्राप्ति जो की हमारे जीवन का परम उद्देश्य है|

गाय घाट

1

गाय घाट

हनुमानगढ़ी घाट एवं बद्रीनारायण घाट के बीच स्थित गाय घाट धार्मिक दृष्टि से महत्वपूर्ण घाटों में से एक है। ऐसी मान्यता है कि घाट पर स्नान करने से व्यक्ति गौहत्या के पाप से मुक्ति पा जाता है। सम्भवतः इसी कारण इसी घाट का नाम गायघाट पड़ा।

गायघाट के दक्षिणी भाग का पक्का निर्माण नेपाल के राजा राणा समशेर बहादुर ने तथा उत्तरी भाग का निर्माण ग्वालियर राजवंश के दीवान मालवजी नरसिंह राव शितोले की पत्नी बालाबाई शितोले ने 19वीं सदी ई. में कराया। घाट के ऊपरी दक्षिणी भाग में नेपाल के राजा द्वारा निर्मित विशाल महल है। इसके परकोटे में तीन शिव मंदिर भी है तथा उत्तरी भाग में बालाबाई शितोले द्वारा निर्मित विशाल भवन एवं लक्ष्मीनारायण मंदिर है।

घाट पर मुख निर्मालिका गौरी एवं लक्ष्मीनारायण मंदिरों के अतिरिक्त हनुमान शिव एवं शीतला मंदिर भी है। घाट के सीढ़ियों पर अनेक शिवलिंग तथा पत्थर में निर्मित लगभग तीन फीट ऊँची बैठी नंदी की मूर्ति भी है।

1950 ई तक इस घाट का विस्तार दक्षिण में वर्त्तमान हनुमानगढ़ी घाट से लेकर उत्तर में बद्रीनारायण घाट के दक्षिणी भाग तक था| घाट पर दैनिक स्नानार्थियों की संख्या अधिक होती है| पर्व विशेष पर यह संख्या सर्वाधिक हो जाती है| स्थानीय लोगों के अनुसार गोहत्या से मुक्ति पाने केलिए आज भी दूर दूर से यात्री यहाँ आते है और घाट पर स्नान, दान, पूजन तथा अनुष्टान करके गोहत्या पाप से मुक्ति पाते है| इस घाट पर विविध पर्व विशेष पर प्रवचनए कीर्तन, संगीत तथा कार्तिक माह में रामलीला वगैरह होती रहती है|

बद्री नारायण घाट

2

बद्री नारायण घाट

गाय घाट एवं त्रिलोचन घाट के बीच स्थित बद्री नारायण घाट 20 वीं सदी ई. के पूर्व तक महता घाट के नाम से जाना जाता था। घाट पर बद्री नारायण मंदिर के कारण ही कालान्तर में इसका नाम बद्रीनारायण घाट हो गया।

काशी में गंगातट पर स्थित बद्रीनारायण मंदिर को हिमालय में स्थित बद्रीनारायण मंदिर का प्रतीक माना जाता है। घाट के सामने गंगा में नर-नारायण तीर्थ की स्थिति मानी जाती है। ऐसी मान्यता है कि नर-नारायण तीर्थ में स्नान के पश्चात् बद्रीनारायण का दर्शन पूजन करने से उतना ही पुण्य मिलता है जितना हिमालय स्थित बद्रीनारायण का दर्शन पूजन करने से मिलता है।

घाट पर दैनिक स्नानार्थियों की संख्या कम है किन्तु पौष माह में इस घाट पर स्नान का विशेष महात्म्य होने से स्नानार्थियों की संख्या अधिक होती है।

वर्तमान घाट के उत्तरी भाग का पक्का निर्माण 20वीं शदी ई के प्रारंभ में नगर परिषद् द्वारा कराया गया था।1988 ई तक घाट का शेष भाग कच्चा था। जो लोग हिमालय के मंदिरों की तीर्थयात्रा या दर्शन करने में

असमर्थ है वो लोग बद्रीनारायण घाट के मंदिरों के आलावा काशी के कुछ अन्य घाटों के मंदिरों का दर्शन कर के आनंदित हो सकते है|

त्रिलोचनघाट

3

त्रिलोचनघाट

बद्री नारायण घाट एवं गोलाघाट के बीच स्थित त्रिलोचनघाट काशी के उन घाटों में से एक है जिसका उल्लेख गहड़वाल काल से ही मिलता है। घाट के समीप स्थित त्रिलोचन महादेव मंदिर के कारण ही इसे त्रिलोचनघाट कहा गया। घाट एवं घाट के समीपवर्ती क्षेत्र में अनेक मंदिर है जिनमें त्रिलोचन शिव मंदिर के अतिरिक्त हिरण्यगर्भेश्वर, सरस्वतिश्वर, शान्तेश्वर, भीमेश्वर तथा प्रणव विनायक मुख्य है। त्रिलोचन मंदिर परकोटे में अरूणादित्य और काशी देवी के मंदिर भी है।

इस घाट पर गंगा में दो अन्य नदियाँ (नर्मदा व पिप्पिला) अदृश्य रूप में मिलती है। ये तीनों नदियों शिव के तीनो नेत्र के समान है, इसलिए इस घाट का नाम त्रिलोचन घाट पड़ा है। इस घाट का पक्का निर्माण 1740 ई. में पेशवाओं के सहयोग से नारायण दीक्षित ने कराया था तथा इसका पुनः निर्माण 18वीं सदी ई. में नाथूबाला पेंशवा ने कराया।

त्रिलोचन महादेव काशी के ओमकारेश्वर क्षेत्र के प्रमुख देव है| दुर्गा घाट एवं ब्रह्मा घाट की भाँती यह घाट भी शास्त्रीय विधान में निर्मित है| बारह बारह सीढ़ियों के बाद चौकी है| इन बारह सीढ़ियों का द्वादशा शिव का प्रतीक माना जाता है|

स्थानीय ब्राह्मणों के अनुसार घाट पर गंगा में दो अन्य नदियाँ नर्मदा एवं पिप्पिला तीर्थों की स्थिति भी मानी जाती है और इस तीन नदियों को शिव के तीन नेत्र के सम्मान है इसलिए इस घाट का नाम त्रिलोचन घाट पड़ा|

घाट धार्मिक द्रिष्टि से महत्वपूर्ण होने के कारण स्थानीय लोग अधिक संख्या में स्नान करते है| वैशाख माह में इस घाट पर स्नान करने का विशेष महात्म्य माना गया है| इस महीने में नगर के अन्य क्षेत्रों के लोग भी इस घाट पर स्नान केलिए आते है|

गोलाघाट

4

गोलाघाट

त्रिलोचन घाट एवं नन्दीश्वर घाट के बीच स्थित गोला घाट के समीप गोला मण्डी होने से ही इसे गोलाघाट कहा गया है। इस घाट का पक्का निर्माण 20वीं सदी ई. के प्रारम्भ में नगर परिषद द्वारा कराया गया था। 1988 ई. के पूर्व तक यह घाट अत्यधिक जीर्ण हो गया था, जिसका नवनिर्माण 1988 ई. के बाद उत्तर प्रदेश सरकार द्वारा किया गया।

स्थानीय लोगों के अनुसार नगर का विस्तार क्षेत्र भाग जब राजघाट के समीपवर्ती खेत्रों में था उस समय घाट के ऊपरी भाग में अनाज का क्रय विक्रय का केंद्र था| स्थानीय भाषा में गोला अनाज के क्रय विक्रय स्थल को कहते है जिसकी परंपरा आज भी देखे जा सकते है| अन्य घाटों के भाँती इस घाट में कोई विशेष मंदिर नहीं है|

अनाज का क्रय विक्रय का स्थल होने से यह समझ में आता है की प्राचीन समय में दूर दूर से अनाज का क्रय विक्रय करने नाव द्वारा लोग इसी घाट पर आते थे और धीरे धीरे घाट का नाम गोला घाट होता गया|

आज भी घाट के पीछे चौक, मैदागिन, गोला मंडी आदि शहर का मुख्य वाणिज्य केंद्र है|

धार्मिक द्रिष्टि से इस घाट का कोई महत्व नहीं मिलता| यद्यपि वर्तमान में घाट पक्का है किन्तु स्थानीय लोग भी यहाँ स्नान नहीं करते|

नन्दीश्वर घाट

5

नन्दीश्वर घाट

गोला घाट एवं शुका घाट के बीच स्थित नन्दीश्वर घाट 20वीं सदी ई. में विकसित हुई नए घाटों में एक है| इस घाट पर 19वीं सदी ई. के उत्तरार्द्ध का नन्दीश्वर मंदिर है। जिसके कारण ही घाट का नामकरण हुआ है। घाट पर नन्दीश्वर शिव मंदिर के अतिरिक्त कई अन्य छोटे-छोटे शिवालय है।

नन्दीश्वर मंदिर के पास स्थित व्यायाम शाला भी अति प्रसिद्ध है| यहाँ की दीवारों में श्रीराम व उनके सम्बंधित कला कृतियाँ देखने को मिलती है| यहाँ नीम का विशाल काय पेड़ है जिसकी छाँव में आते ही राहगीरों को गर्मी की कडती धुप में शीतला का एहसास होता है|

अति विस्तृत क्षेत्र में फैले इस घाट के एक भाग का पक्का निर्माण बंगाल के भवानी पुर के निवासी द्वारिकानाथ चक्रवर्ती ने 1940 में कराया था| घाट पर आज भी इनके द्वारा बनाया गया विशाल भवन है|

गंगातट से गली तक पक्की सीढियां है| घाट पर बहुत कम लोग स्नान करते है| घाट के ऊपरी भाग में निर्मित मढ़ीयों एवं समीपवर्ती भागों में निम्नवर्ग के लोग रहते है| घाट पर रहने वाले अधिकान्श लोग बांस व रहट्टे की टोक्करीयां बनाते है और उसी से अपनी जीविकोपार्जन करते

है।

शुका घाट

6

शुका घाट

नन्दीश्वर घाट एवं तेलियानाला घाट के बीच स्थित है शुका घाट| इस घाट का पक्का निर्माण 1988 ई. के बाद उत्तर प्रदेश के सहयोग से हुआ। स्थानीय लोग इसे सक्का घाट नाम से भी पुकारते है। घाट के ऊपरी भाग में स्थित भवन संत हरदासराम सेवाश्रम है। जिसमें बाल चन्द्रेश्वर शिव मंदिर है।

घाट एवं घाट के समीपवर्ती क्षेत्र में कोई उल्लेखनीय मंदिर नहीं है| इस घाट पर भी नन्दीश्वर घाट के सामान निम्नवर्ग के लोगों की संख्या अधिक है| घाट पर धोबियों द्वारा कपडा साफ करने की व्यवस्था है, इसलिए इस घाट पर लोग स्नान, पूजा आदि नहीं करते| धार्मिक द्रिष्टि से भी इस घाट का कोई महत्व नहीं मिलता|

काशी के बहुत से घाटों का एवं उसके निर्माण से लेकर आज के अस्थित्व तक कुछ न कुछ इतिहास मिलता है| मगर इस घाट का नामकरण वगैरह कैसे हुआ इसका पुख्ता प्रमाण आज भी खोजने लायक विषय है| इतिहास के पन्नों में कहीं न कहीं इस घाट के बारे में कुछ न कुछ मिलने की उम्मीद कर सकते है|

यात्रा गाय घाट से निषाद घाट तक

तेलियानाला घाट

7

तेलियानाला घाट

शुका घाट एवं नया घाट के मध्य स्थित घाट तेलियानाला घाट के नाम से जाना जाता है| चूंकि इस घाट का कोई विशेष धार्मिक महत्व नहीं है इसलिए यहाँ लोग स्नान पूजा आदि नहीं करते अपितु रजत समुदाय के लोग कपड़ा धोते एवं सुखाते है|

इस घाट का नामकरण गंगा में प्राचीन काल में गिरने वाले तेलियानाला नामक नाले की वजह से हुआ|1988 में इस नाले को बंद कर इस कच्चे घाट को उत्तर प्रदेश सरकार द्वारा पक्का कराया गया| मगर इस घाट का अस्तित्व प्राचीन काल से ही था|

इस घाट पर एक अति प्राचीन भवन है जो धोबियों के देख रेख में है| इस घाट का मुख्य आकर्षण वृक्षों की छाया में खुले में स्थापित काभी ऊँचा एक शिवलिंग है| इसके आलावा यहाँ के भवन के दीवारों में उक्केरी गयी पक्षियों एवं फूल पत्तियों का चित्र भी अति विशिष्ट है|

यह घाट बहुत विशाल है एवं लम्बी सीढ़ियों का विस्तृत श्रंखला है| इस घाट का किसी भी तरह का धार्मिक महत्व नहीं हैए नहीं यहाँ पर कोई स्नानए पूजा आदि करते है|

नया घाट

8

नया घाट

तेलियानाला घाट एवं प्रहलाद घाट के बीच स्थित नया घाट का प्राचीन नाम फूटेश्वर घाट था। घाट के समीप फूटेश्वर शिव मंदिर के कारण ही इसका प्राचीन नामकरण हुआ था। 20वीं सदी ई. के आरम्भ में चैनपुर, भनुआ निवासी नरसिंह जापाल द्वारा घाट का पक्का निर्माण कराये जाने के बाद इसे नयाघाट कहा जाने लगा घाट के ऊपरी भाग में नरसिंह जापाल द्वारा निर्मित विशाल भवन है। घाट पर फूटेश्वर शिव मंदिर के अतिरिक्त एक अन्य मंदिर भी है जिसमें हनुमान की मूर्ति प्रतिष्ठित है।

घाट पर वर्ष पर्यन्त भक्तों व सैलानियों का आना जाना बना रहता है। घाट पर स्थित भवन आने वाले तीर्थ यात्रियों के ठहरने के काम में प्रयुक्त होता है। घाट पर सुबह से शाम तक स्थानीय लोगों की भीड़ रहती है।

सुबह बनारस के आरम्भ के साथ ही स्नानार्थियों की संख्या बढ़ने लगती है जो देर रात तक चलती रहती है। फूटेश्वर शिव के प्राचीन मंदिर व हनुमान मंदिर की देखभाल स्वयं यहां के स्थानीय लोग करते है। जिनकी दिन की शुरूवात ही गंगा स्नान के पश्चात भगवान शिव की

अर्चना से ही होती है। सुबह मन्दिर में होने वाली आरती के समय बजने वाले घंटा घड़ियाल, शंखध्वनि मन को मोह लेती है।

स्थानीय लोगों के साथ-साथ यहां आने वाले सैलानी भी आरती का हिस्सा बनते है, साथ ही साथ भगवद्भक्ति का आनंद लेते है। घाट को जीवन्त करती ये क्रियाएं सदियों से चली आ रही है जो और भी आकर्षक का कारण है। काशी में गंगा घाटों की अटूट श्रृंखला में नया घाट दर्शनीय है।

गंगातट से भवन के मध्य तक पत्थर की सुदृढ़ सीढियां है|

प्रह्लाद घाट

9

प्रह्लाद घाट

नया घाट एवं निषाद घाट के मध्य स्थित घाटों में निःसन्देह प्रह्लाद घाट सर्वाधिक महत्वपूर्ण घाट है| इस घाट के नामकरण के सन्दर्भ में स्थानीय लोगों की मान्यता है कि इस घाट के समीप ही विष्णु ने भक्त प्रह्लाद की उसके दैत्य पिता हिरण्यकशिक के अत्याचारों से रक्षा की थी। विष्णु भक्त प्रह्लाद की तपोभूमि होने के कारण ही इस घाट का नाम प्रह्लाद घाट पड़ा।

घाट एवं घाट के समीपवर्ती क्षेत्रों में अनेक मंदिर है जिनमें नृसिंह, जगन्नाथ, प्रह्लादेश्वर तथा शीतला मंदिर मुख्य है। घाट पर वैशाख माह के शुक्लपक्ष एकादशी से पूर्णिमा तक पंचदिवसीय नृसिंह मेला भी हर्षोल्लास से मनाया जाता है। पूर्णिमा के दिन की झांकी सर्वाधिक आकर्षक होती है। यह घाट 19 वीं शदी तक कच्चा घाट था जिसका पक्का निर्माण 20 वीं शदी ई के प्रारंभ में नगर परिषद् द्वारा कराया गया|1931 में श्री मोतिचंद्र द्वारा इसे पक्का घाट कहा गया है|

ऐसा भी सन्दर्भ मिलता है की तुलसीदास अस्सी घाट पर अपना निवास बनाने से पूर्व इसी घाट पर रहते थे| इसी कारण इस घाट पर तुलसीदास के निवास से संभंधित स्नान पर तुलसीदास मंदिर भी बनाया गया है|

इस घाट पर स्थानीय लोग पर्याप्त संख्या में स्नान करते है| इस घाट पर वैशाख माह के शुक्लपक्ष एकादशी से पूर्णिमा तक पंचदिवसीय नृसिंग मेला का आयोजन होता है| जिसमें नगर नगर एवं नगर के बाहर के लोग भी आते है| घाट पर भजन कीर्तन प्रवचन आदि कार्यक्रम अक्सर होता रहता है|

गंगातट से गली तक पक्की सीढियां है जिसमें नीचे से क्रमश पांच पांच सीढ़ियों के बाद चौकियाँ निर्मित है| सीढियाँ दुर्गा घाट ए ब्रह्मा घाट एवं त्रिलोचन घाटों की भांति धार्मिक भाव के सूचक के रूप में निर्मित की गयी है|

निषाद घाट

10

निषाद घाट

काशी के असी घाट के निकट स्थित निषाद राज घाट के भाँती प्रहलाद घाट एवं रानी घाट के बीच स्थित इस निषाद घाट के समीपवर्ती क्षेत्र में भी मल्लाह यानी निषाद जाति के लोगो की संख्या अधिक होने से इसे निषादघाट कहा गया है।

1980 ई. के पूर्व यह घाट प्रहलादघाट का ही एक भाग था जो कालान्तर में निषादघाट नाम से प्रसिद्ध हुआ। 1988 ई. तक यह घाट कच्चा था जिसका पक्का निर्माण 1988 ई. के बाद हुआ।

यह घाट पूरी तरह से मल्लाह और उनके परिवार वालों केलिए नावों को बनाने एवं उसी से उनकी आजीविका चलने केलिए समर्पित है| यहाँ पर अक्सर मल्लाह लोगों के जमावाडा दीखता है या किसी नए नाव को बनते हुए या किसी पुराने नाव की मरमत करते हुए अक्सर देखे जा सकते है|

गंगा जी का दर्शन करने आने वाले सैलानियों को नौकाविहार कराना एवं उन्हें समीप के घाटों के बारे में रोचक एवं ऐतिहासिक बातों से अवगत कराना ही उन लोगों का काम होता है|

गंगा का असली आनंद तो नौका विहार करके ही प्राप्त किया जा सकता है| गंगा के इस छोर से उस छोर तक सुबह शाम पवित्र पावन गंगा की अविरल धारा से अवगत कराने में मल्लाह यानी निषाद समुदाय के लोग महत्वपूर्ण भूमिका निभाते है|

|| इस पुस्तक को तैयार करने में सहयोग देने वाले हर एक व्यक्ति को
दिल से मेरा प्रणाम ||

विशेष धन्यवाद

डॉ. हरी शंकर जी
लेखक
(काशी के घाट - कलात्मक एवं सांस्कृतिक अध्ययन)

वाराणसी प्रशासन

स्थानीय लोग

संपर्क सूत्र

9839093003

<u>myrichindia@gmail.com</u>

facebook.com/drjagadeeshpillaiofficial

youtube.com/drjagadeeshpillai

|| लोकाः समस्ताः सुखिनो भवन्तु ||